Histoire de la Médecine

DESSIN ORIGINAL

PAR

Noé LEGRAND

LAURÉAT DE LA FACULTÉ DE MÉDECINE DE PARIS

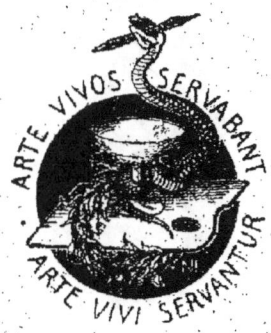

Histoire de la Médecine

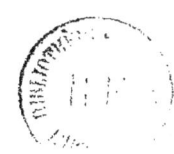

DESSIN ORIGINAL

PAR

Noé LEGRAND

d'après la Peinture murale de M. Urbain BOURGEOIS

AU GRAND AMPHITHÉATRE DE LA FACULTÉ DE MÉDECINE DE PARIS

REPRODUITE POUR LA PREMIÈRE FOIS

1895-1908

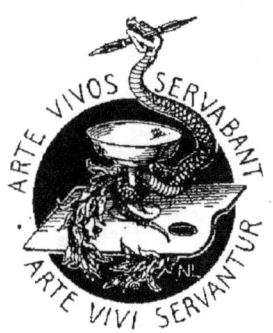

PARIS
L. MARETHEUX, IMPRIMEUR
1, RUE CASSETTE, 1

1908

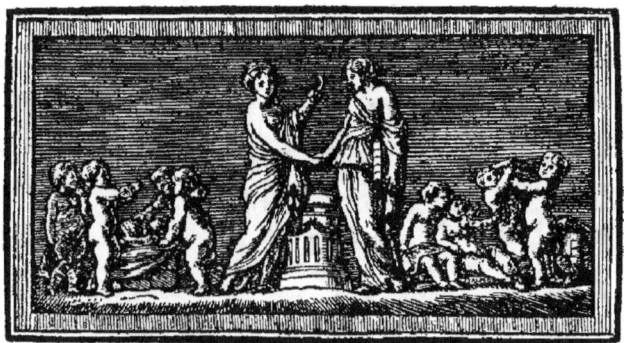

La Théorie et la Pratique se jurent une éternelle union.

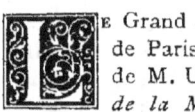

Histoire de la Médecine

~~~~~~~~~~

NOTICE HISTORIQUE ET DESCRIPTIVE

Le Grand Amphithéâtre de la Faculté de Médecine de Paris est décoré d'une vaste peinture murale de M. Urbain Bourgeois représentant *l'Histoire de la Médecine*. C'est la réunion des savants, médecins, physiologistes, qui ont le plus illustré l'art de guérir dans tous les pays et dans tous les temps. Exécutée de 1890 à 1895, elle ne mesure pas moins de 23 mètres de long : elle a remplacé les peintures de *Matout*, qui furent détruites dans l'incendie de 1889. Celles-ci représentaient trois sujets, dont le premier fit sensation : *Ambroise Paré appliquant la ligature aux artères après une amputation et repoussant le fer rouge*. Or, ces tableaux remplaçaient déjà — dès 1864 — les trois fresques en grisaille exécutées par *E.-A. Gibelin*, peu avant la Révolution française, pour la décoration des Ecoles de chirurgie. Ce sont ces grisailles qui étaient accompagnées des inscriptions explicatives qu'on voit encore aujourd'hui. Sur celle du milieu, était représenté le roi Louis XVI accordant sa protection à la Chirurgie; la France, à ses genoux, lui témoignait sa reconnaissance. L'inscription était : *La bienfaisance du souverain hâte leurs progrès et récompense leur zèle.* Dans la seconde, la *théorie* de l'art médical était personnifiée par Esculape découvrant les secrets de l'Anatomie. L'inscription était : *Ils tiennent des dieux les principes qu'ils nous ont transmis.* La troisième exprimait la *pratique* de l'art « la plus noble »; on y voyait des généraux blessés que des chirurgiens retiraient de la mêlée pour mettre le premier appareil à leurs blessures. On lisait : *Ils étanchent le sang consacré à la défense de la patrie* (1).

Si l'incendie de 1889 a dévoré les toiles de Matout, il a laissé intactes les anciennes inscriptions profondément gravées dans le mur et très apparentes. En regardant la peinture murale actuelle, on ne peut s'empêcher de les lire, et l'on comprend qu'elles soient, pour le spectateur non prévenu, une véritable énigme (2). C'est pourquoi nous avons cru intéressant de donner ici, à côté du fac-similé très réduit de l'œuvre moderne, une réduction à la même échelle des fresques de E. A. Gibelin.

Quant à la composition de M. Urbain Bourgeois, elle ne comporte pas moins de cinquante-six figures de proportions plus grandes que nature, constituant dans leur ensemble un véritable enseignement. Elles sont groupées suivant les convenances historiques et de manière à permettre au spectateur de suivre l'évolution chronologique sans nuire cependant aux exigences du pittoresque. Il serait trop long d'entrer dans des détails techniques : il suffira de faire remarquer l'art avec lequel l'auteur a maintenu en parfaite harmonie, à l'aide de transitions habilement ménagées, cette réunion d'éléments disparates, formée par des costumes d'époques si différentes.

(1) Voir Noë LEGRAND : *La galerie historique et artistique de la Faculté de Médecine de Paris*, 1903, p. 36 et 37.
(2) A cette confusion s'ajoute le fait que les personnages de cette peinture ne sont désignés par aucun nom, aucune légende; notre estampe comble heureusement cette lacune.

Depuis près de quinze ans qu'elle existe, la peinture de M. Urbain Bourgeois n'avait jamais été reproduite, en raison de grosses difficultés matérielles. Nous avons dû en faire un grand dessin original de 4 mètres qui pût alors être gravé. C'est la gravure à un mètre de ce dessin, que nous offrons aujourd'hui au public.

Content d'avoir, le premier, vulgarisé cette belle œuvre par notre crayon, nous nous croirons suffisamment récompensé si, par là, nous avons pu favoriser la mission éducatrice et moralisatrice de l'Art.

N. L.

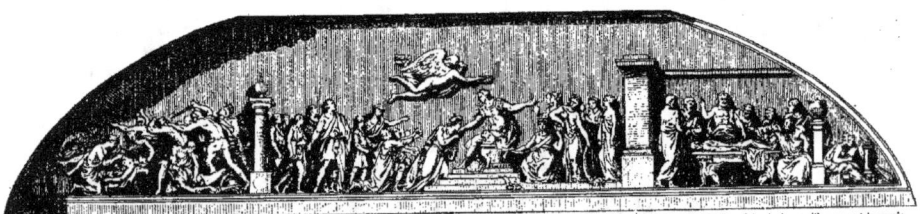

Ils étanchent le sang consacré à la défense de la Patrie. | La Bienfaisance du Souverain hâte leurs progrès et récompense leur zèle. | Ils tiennent des Dieux les principes qu'ils nous ont transmis.

Anciennes fresques de GIBELIN dont les inscriptions seules subsistent encore.

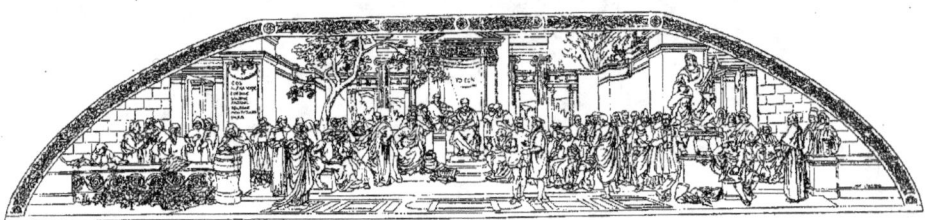

HISTOIRE DE LA MÉDECINE (*Peinture d'Urbain Bourgeois*).
Décoration actuelle du Grand Amphithéâtre de la Faculté de Médecine de Paris.

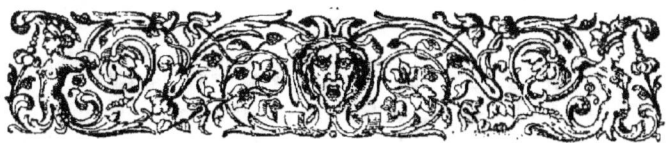

u centre, et devant un édicule d'ordre ionique dont les lignes élégantes se détachent sur un ciel lumineux et laissent apercevoir un arrière-plan de paysage, *le Père de la Médecine*, **Hippocrate**, est assis. Il tient dans la main droite le texte du *Serment hippocratique* que prononçait le médecin entrant dans la carrière. Au-dessus de sa tête, inscrit sur le mur de la niche, on lit le mot, résumé de sa grande méthode : το εον, c'est-à-dire l'observation directe de l'organisme vivant, sain ou malade, de tout ce qu'il est, de tout ce qui s'y passe. A côté, le dominant légèrement, mais sur un autre plan, **Aristote**, le génial encyclopédiste, semble rêver aux problèmes de l'Univers. Autour d'eux, se groupent **Pythagore**, tout pénétré de sa théorie numérique appliquée à la vie ; **Alcmœon**, son disciple, regardé comme le premier anatomiste, ayant disséqué des animaux. **Asclépiade**, l'adversaire de la méthode hippocratique et de l'expectation, note, d'un prompt stylet, les points qu'il veut réfuter. A gauche, **Hérophile**, **Erasistrate**, ces terribles anatomistes de l'*Ecole d'Alexandrie* : le premier, physiologiste,

tenant en main l'instrument de ses travaux ; le second au visage farouche, anatomiste qui osa pratiquer la vivisection sur les criminels.

Devant eux et sur un siège moins élevé que celui du législateur de la Médecine, se présente **Galien** (Ier siècle de notre ère), le poing fermé sur la cuisse, comme prêt à défier ses contradicteurs. L'attitude du bouillant adversaire des *Méthodistes* nous donne une idée juste de cet homme puissant, dont la doctrine fut pendant 1400 ans le code incontesté de la science médicale. Ses nombreux ouvrages sont étalés à ses pieds.

Près de lui **Celse** est debout, un fragment de son *De re medica* à la main. Le célèbre vulgarisateur surnommé le *Cicéron de la Médecine,* à cause de la pureté de son style, écoute **Pline l'Ancien**, dont la main désigne de loin le divin vieillard de Cos. Ce geste de l'universel historien naturaliste établit sans doute un rapprochement entre *le Père de la médecine* et celui qu'on appelait encore l'*Hippocrate latin*. Accoudé, **Thémison** de Laodicée, créateur du *Méthodisme*, semble les écouter.

Un peu en arrière sont groupés **Arétée**, qui ne nous a laissé que des modèles d'observation et de nosographie ; **Dioscoride**, le plus célèbre des médecins grecs qui aient écrit sur la matière médicale ; et, entre eux deux, **Alexandre de Tralles** (VIe siècle), dont le jugement clair rayonna sur une époque pleine d'obscurités. **Aétius**, médecin chrétien du VIe siècle, dont la tête apparaît de derrière un platane aux tendres rameaux, nous amène au dernier représentant de la médecine grecque au VIIe siècle,

Paul d'Egine; le chirurgien περιοδευτης voulut resserrer toute la discipline médicale dans un petit épitomé que le médecin pût porter avec lui dans ses voyages : il paraît absorbé par la lecture d'un papyrus trouvé au cours de ses pérégrinations.

En séparant cette figure des groupes suivants, on a voulu indiquer l'éclipse de la science pendant une période de deux siècles. *Les Arabes* en marquent la renaissance.

Ceux-ci occupent l'extrémité gauche de la composition. **Aaron d'Alexandrie** (VIIe siècle) — qui joignit l'exercice de la prêtrise à celui de la médecine — explique ses *Pandectes* à **Razès** (IXe siècle), célèbre comme historien, philosophe, alchimiste et médecin encyclopédiste, et à **Albucasis** (XIIe siècle), le plus fameux écrivain arabe en fait de chirurgie, l'un des auteurs les plus distingués du Moyen-Age. Près d'eux, **Batischua** (XIe siècle?), le fidèle traducteur, s'occupe de transposer de grec en arabe de nombreux ouvrages.

Avicenne (980-1036), qui passait pour un *second Galien*, est assis sur la balustrade, tenant sur ses genoux son *Canon*, classique par excellence pendant plus de six siècles. A son tour, le *Prince des Médecins* transmet aux *Salernitains* ces trésors de la science grecque dont les Arabes furent tant éblouis et qu'ils recueillirent avec les transports d'un enthousiasme religieux : ce sont **Jean de Milan** et **Gariopontus** (XIe siècle). Le premier mit la santé en poème dans son fameux *Regimen Scholæ Salernitanæ*; le second eut le mérite de pressentir la curieuse doctrine des signatures médicinales, développée par Paracelse. Enfin, contre le pilier de la balustrade, **Constantin l'Africain** (1015-1087), le moine voyageur, s'est arrêté : la plume en main, il ajoute encore un volume à la série de ses travaux. Médecin arabisant, Constantin est regardé comme le fondateur de l'*Ecole de Salerne*.

Les bénédictins du Mont-Cassin nous rapprochent d'une époque où la France va prendre le pas dans la marche du progrès.

L'Ecole chirurgicale italienne ne fut pas sans influence sur la renaissance de la chirurgie française. Elle eut pour représentant **Guillaume de Salicet** (1210 ?-1276), qui se dresse, portant, dans ses bras, sa *Cyrurgia. Valens homo*, comme l'appelle Guy de Chauliac, c'est-à-dire praticien habile, il eut le mérite de rassembler les membres épars de la chirurgie grecque pour en former un corps régulier. Près de lui, **Mondino** (1275-1326), apparaissant en profil perdu, est le rénovateur de l'Anatomie en Italie. Son *Anathomia* fut le premier traité qui, depuis les travaux de l'École d'Alexandrie, repose sur la dissection des cadavres humains.

Mais nous arrivons à la grande figure de **Guy de Chauliac** (+ 1380?). Le *Père de la Chirurgie française* est debout, au premier plan, le menton appuyé sur sa main gauche, plongé dans les réflexions que lui suggère sa profonde érudition. Sa *Grande Chirurgie*, premier ouvrage de cet ordre écrit en langue vulgaire (languedocienne), fut reproduite en tous les idiomes et devint le livre classique de l'Europe entière.

Au second plan, assis sur un siège de pierre, le

grand médecin et philosophe **Arnaud de Villeneuve** (✝ 1313) raconte à **Jacques Desparts** (1380?-1458) les travaux alchimiques et astrologiques qui l'ont conduit à de sérieuses découvertes en chimie. Le vieux chanoine l'écoute, prêt à lui lire un passage de ses savants *Commentaires sur Avicenne*, ouverts sur ses genoux. N'oublions pas que « *De Partibus* » fut le bienfaiteur de la Faculté de Médecine de Paris, dont on peut dire qu'il assura l'établissement.

Le côté droit de la composition présente un plus grand nombre de figures : nous entrons dans l'ère moderne. En avant, et détachés des groupes, Vésale et Paré s'entretiennent des travaux qui ont illustré leur nom. **André Vésale** (1514-1564), véritable créateur de la méthode anatomique, tient, sous le bras, son *De humani corporis fabrica*, illustré de magnifiques gravures. **Ambroise Paré** (1509?-1592), le *Père de la Chirurgie moderne*, semble lui démontrer sa découverte de la ligature des artères et rappeler la large place qu'il a faite à son tour à l'expérience, dans ses nombreux ouvrages constituant toute une encyclopédie anatomique et chirurgicale.

Assis sur le banc de l'exèdre, se pressent Fallopio, Fernel, Jacques Dubois, tous trois réunis et causant. **Fallopio** (1523-1562), l'un des plus grands anatomistes des temps modernes, écoute le célèbre mathématicien et médecin **Fernel** (1497-1558), professeur à la Faculté de Médecine de Paris et surnommé le *Galien Moderne* ; **Jacques Dubois**

(1478-1555), lui aussi mathématicien et médecin, se penche au-dessus de leur tête, vivement intéressé : le premier, il se servira de cadavres humains pour les démonstrations publiques. A leur côté et complétant, pour ainsi dire, le corps des médecins de la *Très salutaire Faculté*, **Baillou** (1538-1616), un de ses anciens doyens, observateur sagace, tient sur ses genoux son traité des épidémies. Derrière lui, debout, **Riolan** (1577-1657), grand défenseur des privilèges de la vieille corporation, mais — mieux encore — l'un des créateurs de l'anatomie pathologique, surnommé *le Prince des Anatomistes de son temps*.

A leur suite et debout également, Servet, Van Helmont et **Rabelais** : le curé de Meudon (1490?-1553), philosophe satirique bien français et médecin à ses heures..., s'oppose à l'Espagnol **Michel Servet** (1509?-1553), glorieux savant qu'illustra la découverte de la circulation pulmonaire, et aussi ardent théologien, victime du sectarisme religieux de Calvin qui le fit brûler à Genève. Entre eux deux, l'alchimiste et médecin hollandais **Van Helmont** (1577-1644), précurseur de l'iatrochimisme, auteur d'importantes découvertes en chimie. Un peu plus loin, à droite d'un imposant groupe sculptural, et se rattachant à ces derniers, le célèbre physiologiste anglais **Harvey** (1578-1657), debout, le chapeau sur la tête : son nom restera attaché à la découverte de la circulation du sang qu'il a le premier démontrée expérimentalement, mais que Servet avait pressentie. Il coudoie son compatriote **Sydenham** (1624-1689), un des plus grands observateurs et cliniciens parmi les modernes, surnommé *l'Hippocrate anglais*.

A côté du corps des médecins de notre ancienne Faculté, on voit celui des chirurgiens de l'ancienne Académie. Ce rapprochement semble indiquer le développement de ces deux corporations rivales qui, d'abord parallèle, se termina par le triomphe des chirurgiens. Saluons d'abord leur brillant champion **Lapeyronie** (1678-1747), le véritable fondateur de l'Académie de Chirurgie : c'est lui qui fit construire l'amphithéâtre même où se trouve l'œuvre picturale que nous décrivons ici. Sur le bord de l'exèdre, revêtu de la robe aux plis soyeux, est assis, les poings sur les genoux, **Jean-Louis Petit** (1674-1750), le plus grand chirurgien du dernier siècle et l'un des fondateurs de l'ancienne Académie : on lui doit l'invention d'un grand nombre d'appareils chirurgicaux. Tous sont attentifs à la parole d'un maître moderne auquel nous allons bientôt revenir.

Le corps des chirurgiens se continue au delà du groupe sculptural masquant à demi **Mauriceau** (1637-1709), le plus célèbre accoucheur du XVIIe siècle, dont les ouvrages répandirent avec clarté dans tous les pays les progrès d'un art encore nouveau à cette époque. **Frère Côme** (1703-1781) — *Baseilhac*, de son nom — inventeur du lithotome caché, debout dans sa robe de moine, regarde de loin ses illustres devanciers. Derrière lui se tient **Antoine Louis** (1723-1792), génial chirurgien du XVIIIe siècle, la gloire de l'Académie de Chirurgie, dont il fut longtemps le secrétaire. Sa main repose sur ses remarquables *Eloges*. Son voisin **Bordeu** (1722-1776), coiffé d'une haute toque, savant historien de la médecine, fut le précurseur de la physiologie pathologique. Au second plan, drapé dans sa toge professorale, siège le grand maître de l'Ecole de Montpellier **Barthez** (1734-1806), partisan d'un principe vital inconscient en activité dans toute la nature.

Plus au centre est groupée l'Ecole de Paris ; en arrière émerge la tête de **Desault** (1744-1795), savant professeur de clinique chirurgicale. « Il offrit, dit Bichat, la première clinique externe qui ait existé en France, où chaque description était animée par la présence de son objet. » Sur le même rang, on aperçoit Broussais, Corvisart, Dupuytren. A gauche, le combattif **Broussais** (1772-1838), dont la fameuse doctrine physiologique a tant fait, en définitive, pour le développement de l'art médical ; puis, le brillant **Corvisart** (1755-1821), justement célèbre par ses travaux sur les maladies du cœur et par son enseignement clinique qu'il basa scientifiquement, le premier, sur l'anatomie pathologique. **Dupuytren** (1777-1835), si réputé comme professeur et surtout comme chirurgien, eut la gloire de remettre en honneur l'anatomie pathologique : grâce à lui, la Faculté de Médecine a pu créer le fameux *Musée* qui porte son nom. Devant eux, fièrement campé dans son large manteau, se voit **Larrey** (1766-1842), tenant à la main son Rapport à l'Empereur sur les blessés de Bautzen. C'est sur les champs de bataille de la Grande Armée que « l'honnête homme », qui rendit tant de services à la chirurgie militaire, acquit le surnom de « *Providence du soldat* ». Mais, au premier plan, attirant les regards, **Laënnec** (1781-1826), enveloppé lui aussi de son traditionnel manteau, expose son admirable découverte de l'auscultation, se faisant écouter de tous ceux qui l'entourent.

Nous voici arrivés à l'époque moderne. Deux glorieuses images achèvent le tableau : celles de Bichat et de Claude Bernard.

Bichat, l'immortel Bichat (1771-1802), ardent anatomo-pathologiste, véritable chef de l'École de Paris, enfin l'une des plus belles et des plus grandes figures de l'histoire de la médecine en France. Il est assis tout près de nous, dans une pose méditative et bien conforme à sa nature, tenant sur son genou ses admirables *Recherches sur la Vie et la Mort*, tandis qu'à ses pieds repose cet impérissable monument qui s'appelle l'*Anatomie générale*. Parmi ses livres gisent les instruments qui servent à faire les autopsies, rappelant ainsi que la pensée de ce héros de la médecine fut inséparable de la pratique et de la recherche de la vérité. Enfin, debout, **Claude Bernard** (1813-1878) marque la transformation de la science moderne. Ses nombreux mémoires, attestant sa renommée universelle, sont étendus à ses pieds et se confondent avec les travaux de Bichat, comme pour marquer que le génie de celui-ci féconda l'œuvre du grand réformateur : véritable législateur de la médecine, on a pu dire de Claude Bernard qu'il n'était pas un physiologiste, mais la physiologie même. Dans son *Introduction à l'étude de la Médecine expérimentale*, il a posé les règles et les principes de la méthode expérimentale, grâce à laquelle ont pu être réalisées les plus importantes découvertes modernes en médecine.

Quelques motifs choisis complètent le sens de cette belle allégorie. Tout à gauche, le long de la balustrade, sont figurées des plantes médicinales, à la fois décoratives et expressives des propriétés qu'elles ont ou qu'on leur prêtait. Ce sont, le *bouillon-blanc*, employé contre la toux ; la *digitale*, qui régularise la circulation du sang ; la *nicotiane* ; le *pavot*, narcotique ; l'*iris* ; la *fougère*, vermifuge ; le *ricin*, à l'huile efficace ; la *ciguë*, etc.

A gauche également, le principal pilier architectural est surmonté d'un écusson où figure une cigogne, symbole de la médecine depuis Hippocrate. On y lit le nom des cités qui virent naître les grandes Écoles médicales, depuis la patrie grecque du *Père de la Médecine* jusqu'à la Ville de **Paris**, centre d'où rayonne la lumière, suivant la devise de notre ancienne Faculté, *Urbi et orbi*.

A droite enfin, contre le grand pilier correspondant, un groupe harmonieux représente *la Santé se réfugiant dans les bras de la Science*, synthèse de cette immense et superbe composition.

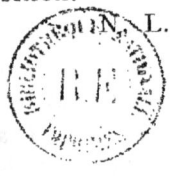

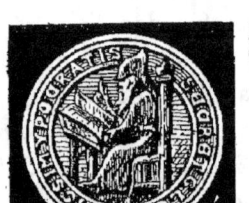

Paris. — L. MARETHEUX, imp.

www.ingramcontent.com/pod-product-compliance
Lightning Source LLC
Chambersburg PA
CBHW050041230526
45470CB00003B/1384